Couvertures supérieure et inférieure
manquantes

LETTRE

DE Mgr L'ARCHEVÊQUE D'ALGER

A UN SÉMINARISTE DE BELGIQUE

SUR LA

SOCIÉTÉ DES MISSIONNAIRES D'AFRIQUE

PARIS

BUREAU DE L'ŒUVRE DES ÉCOLES D'ORIENT

12, RUE DU REGARD, 12

1880

SAINT-CLOUD. — IMPRIMERIE DE Mme V^e EUG. BELIN.

LETTRE

DE MGR L'ARCHEVÈQUE D'ALGER

A UN SÉMINARISTE DE BELGIQUE

SUR

LA SOCIÉTÉ DES MISSIONNAIRES D'AFRIQUE

Mon cher Abbé,

J'ai reçu la lettre que vous m'écrivez relativement à la Société de nos Missionnaires. Je veux profiter de cette occasion pour répondre aux questions qu'on m'adresse souvent, sur ce même sujet, et résoudre les difficultés ou les doutes qui se présentent à l'esprit de ceux qui croient sentir, comme vous, l'appel de Dieu pour nos œuvres africaines.

Vous me demandez tout d'abord si, comme on vous l'a dit, la Société des Missionnaires d'Alger n'a plus besoin de prêtres pour ses missions.

Il est vrai que le nombre des Missionnaires s'est rapidement accru dans cette Société ; les sujets lui sont venus de France, et quelques-uns même commencent à lui venir de la catholique Belgique, cette terre féconde d'apôtres, mais leur nombre est encore bien insuffisant.

Le champ des travaux de cette Société Apostolique s'est de beaucoup agrandi : le Saint-Siège lui a successivement confié l'évangélisation du Sahara, du Soudan oriental, de l'intérieur de l'Afrique équatoriale, c'est-à-dire de pays plus vastes que l'Europe et qui renferment une population de près de cent millions d'habitants. Il lui a de plus confié des stations en Tunisie, dans la Tripolitaine et en Palestine. Pour un tel apostolat ce sont des milliers d'apôtres qu'il faudrait, et je ne pense pas qu'aucune société de missionnaires ait, en ce moment, un plus grand besoin de vocations, et de vocations vraiment solides, que la Société des Missionnaires d'Alger.

Ne vous laissez donc pas arrêter par une pensée qui n'a aucun fondement réel. Toutefois, ne vous décidez pas à la légère et lisez attentivement ce que je dis, dans cette lettre, des autres questions qui vous préoccupent à bon droit.

Vous m'interrogez donc, mon cher abbé, sur l'origine de notre Société de Missionnaires, sur ses œuvres actuelles, sur ses règles, sur ses difficultés, sur ses espérances. Voici mes réponses. Je suis heureux, en vous les donnant, de rendre ainsi témoignage à l'excellent esprit, au dévouement, à l'héroïsme qui animent cet Institut naissant.

I

1° *Origine de la Société des Missionnaires d'Alger.* — Elle est née, comme toutes les œuvres qui viennent de Dieu, des nécessités mêmes de l'Eglise dans notre Afrique.

Il y avait près de quarante ans que la France était en Algérie, sans avoir songé à répondre aux desseins de Dieu sur elle. La conquête de cette terre, par une nation catholique, n'était et ne pouvait être, en effet, dans l'ordre providentiel, que la dernière Croisade contre la barbarie musulmane, qui tenait l'Afrique sous le joug, et en fermait les portes au Christianisme. Dieu, après tant de siècles de barbarie, n'avait enfin donné la victoire aux Chrétiens que parce qu'il les destinait à porter la vérité et la lumière dans les ténèbres de cet immense continent deshérité, et comme oublié depuis des siècles.

Non seulement la France n'avait rien fait pour répondre à cette mission, mais encore on avait vu ce pays interdire, par la voix des autorités algériennes, toute prédication de l'Evangile, et la retarder par des exemples d'impiété qu'y donnaient un trop grand nombre de ses enfants.

En 1867, deux fléaux terribles, la famine et la peste vinrent subitement, changer cet état de choses et ouvrir des perspectives nouvelles aux apôtres de l'Evangile. Ces fléaux, en frappant des milliers de victimes, laissèrent après eux d'innombrables orphelins. Le clergé catholique les recueillit, leur servit de père, et, au spectacle de tant de charité, les yeux de ces enfants commencèrent à s'ouvrir. Ils comprirent que, seule, la Foi véritable pouvait créer un semblable dévouement, surtout lorsqu'ils le comparaient à l'abandon et à la cruauté sauvage dont ils étaient les victimes, de la part des musulmans.

Le Pape Pie IX, de glorieuse et sainte mémoire, n'hésita pas à voir dans ces œuvres le commencement de l'apostolat catholique dans des régions jusqu'alors si stériles. Voici le Bref admirable qu'il écrivait à cette occasion :

« *A notre Vénérable Frère Charles, archevêque d'Alger,*
Pie IX, Pape.

» Vénérable Frère, salut et bénédiction apostolique.

» Si nous sommes profondément affligé des fléaux multipliés qui frappent votre diocèse, et si nous gémissons du sort de votre peuple, des peines et des fatigues que vous devez supporter, nous éprouvons aussi une véritable consolation lorsque nous voyons, au milieu de tant d'adversités, briller d'une manière admirable la lumière et la vertu de la charité chrétienne ;

lorsque nous voyons tant de bienfaits considérables préparés, à la religion et à la société civile elle-même, par votre zèle pastoral, votre générosité et votre courage.

» Sans doute, d'après le précepte formel du Seigneur, l'Évangile doit être prêché à votre peuple comme à tous les autres, mais ses mœurs, sa religion, ses luttes fréquentes contre votre nation opposaient à l'apostolat un obstacle presque insurmontable.

» Pour renverser cet obstacle, le Dieu des miséricordes a voulu qu'après tous les malheurs qui ont frappé les Arabes, ils fussent secourus par la charité chrétienne des Français, et éprouvant ainsi par eux les bienfaits d'une religion divine, ils apprissent à l'aimer avant même de la connaître.

» Vous ne pouviez ni mieux ni plus efficacement répondre à ce dessein providentiel, qu'en vous prodiguant partout, constamment, où la famine, la maladie, la mort réclamaient votre sollicitude et celle de vos auxiliaires ; qu'en ouvrant généreusement des asiles aux vieillards infirmes, aux veuves délaissées, aux enfants abandonnés et en leur procurant tous les secours d'une charité paternelle.

» Nous ne pouvons donc garder le silence, et nous voulons vous décerner, pour ces œuvres éclatantes, les louanges que vous méritez, vous, les prêtres, les religieux, les sœurs de votre diocèse, qui, secondant votre zèle, n'ont rien omis pour soulager tous les infortunés, et, martyrs de la charité, n'ont pas hésité à accepter la mort elle-même pour secourir leurs frères.

» Il est impossible que ce peuple, auquel vous avez si clairement prouvé la loi de la charité que le Christ nous a léguée, il est impossible que ce peuple ne comprenne pas désormais « que vous êtes vraiment ses disciples » et ainsi « pendant que vous avez rendu gloire à votre Père qui est dans les cieux, » vous avez prêché son Évangile à cette nation infidèle, avec plus d'éloquence certainement, et avec plus de puissance, que vous n'auriez pu le faire par vos paroles.

» Quant aux enfants que vous avez arrachés des bras de la mort, que vous nourrissez, que vous vêtissez, que vous formez à la pureté des mœurs, à la justice, au travail des champs, comment n'aimeraient-ils pas désormais la nation et la loi auxquelles ils devront tout, et leur existence elle-même ? Comment, devenus par le travail les soutiens de leurs familles, et, retournés au milieu d'elles, ne pourront-ils pas incliner, par leur présence, leurs œuvres, leurs paroles, l'esprit des leurs, vers la religion, vers le peuple dont ils ont reçu tant de bienfaits ?

» Ce n'est donc pas seulement de la religion, mais encore de la France, que vous et les vôtres avez bien mérité, lorsque, par les œuvres touchantes de la charité chrétienne, vous avez certainement plus fait, pour lui attirer les cœurs, qu'on n'eût pu le faire par des torrents de sang, des dépenses énormes et des travaux d'un grand nombre d'années.

» Il faut ajouter à cela qu'en éclairant les âmes, encore tendres, des petits orphelins, des lumières de la vérité religieuse et de la justice, et en allumant dans leur cœur la flamme d'un feu céleste, non seulement vous les préparez à devenir eux-mêmes de bons citoyens, mais encore vous préparez en eux d'excellents éléments qui, se trouvant rapprochés plus tard des adultes eux-mêmes, amèneront, peu à peu, des hommes jusqu'à ce jour rebelles, à des mœurs plus douces et à un genre de vie plus conforme aux vôtres.

» Nous ne doutons pas que vous ne soyez approuvé de tous ceux qui désirent le progrès de la religion, la gloire et l'utilité véritable de votre patrie. Quant à Nous, nous vous félicitons de tout notre cœur, et cela, d'autant plus, que vous avez eu à vaincre des difficultés plus considérables, et que vous les avez surmontées avec plus de courage. Nous croyons aussi devoir combler de louanges particulières tous ceux qui, par leurs aumônes généreuses, vous ont aidé dans votre œuvre admirable et vous aideront encore dans la suite.

» Persévérez donc avec confiance dans votre entreprise, et

que les obstacles ne fassent qu'augmenter votre courage ; car c'est au milieu des obstacles que les œuvres de Dieu ont coutume de marcher et de se fortifier.

» Avec l'appui de Dieu, ni la grâce, ni la force, ni les moyens matériels nécessaires pour achever votre œuvre ne manqueront ni à vous, ni aux vôtres.

» Nous vous souhaitons ces choses, de tout cœur, et, comme gage de la faveur divine et de notre bienveillance particulière, Nous donnons avec tendresse notre bénédiction apostolique à vous, vénérable Frère, à tous ceux qui soutiennent votre très excellente œuvre et à tout votre diocèse.

» Donné à Rome près Saint-Pierre, etc.

» PIE IX, Pape. »

Ces paroles semblaient prophétiques. Au moment même où je les recevais, quelques jeunes séminaristes du grand séminaire d'Alger, conduits par leur supérieur, le vénérable M. Girard, de la Congrégation de Saint-Lazare, venaient me déclarer que, poussés par un attrait intérieur irrésistible, ils voulaient se consacrer exclusivement à l'apostolat parmi les musulmans et les infidèles de l'Afrique.

Leur supérieur ne paraissait pas moins convaincu qu'eux d'un appel surnaturel de la Providence, et il me semblait en avoir eu moi-même de telles marques, que j'aurais cru aller contre la volonté de Dieu, en repoussant la demande que me faisaient ces jeunes gens.

Telle est l'humble et simple origine de cette Société de Missionnaires qui s'est déjà répandue dans une partie de l'intérieur de l'Afrique : un vieillard vénérable et quelques enfants.

Peu de semaines après, en effet, le noviciat de la Société commençait. Comme ces jeunes ecclésiastiques ne pouvaient encore se diriger et se former eux-mêmes, je cherchai, pour les placer à leur tête, les membres d'une communauté vraiment apostolique, et la Compagnie de Jésus voulut bien me donner deux de ses plus éminents religieux pour ce ministère. Le noviciat s'est développé et a continué, sous leur pieuse et forte direction, durant sept années.

Depuis, les premiers missionnaires, suffisamment formés pour prendre, à leur tour, la direction complète de l'Œuvre, président seuls à la formation des novices et des scolastiques, dont le nombre s'accroît chaque jour. En même temps, l'organisation de cette petite Société s'est complétée, comme je le dirai, plus bas, à l'article des règles. Des supérieurs et un Conseil, élus par elle, la gouvernent désormais, sous l'autorité du Saint-Siège, représenté par le Délégué Apostolique pour les missions du Sahara et du Soudan.

II

2° *Œuvres actuelles de la Société.* — Les premières œuvres de la Société ont été, comme je l'ai dit, les orphelinats et les institutions charitables en faveur des Musulmans de l'Algérie. Peu à peu, elles ont pris un développement plus considérable et, aujourd'hui, la Société a des établissements dans le Sahara, dans la Kabylie, dans la Tunisie, dans la Tripolitaine, dans l'Afrique équatoriale, à Jérusalem, et enfin, en France même, dans le diocèse de Rodez.

Voici quelle est la nature de ces divers établissements :

En Algérie, les orphelinats ont donné naissance à des villages d'Arabes chrétiens ; on a marié ensemble, lorsqu'ils sont parvenus à l'âge d'homme, les jeunes gens et les jeunes filles élevés dans ces asiles. Les missionnaires dirigent les villages qui sont une image lointaine des anciennes réductions du Paraguay, telles que les Pères Jésuites les fondèrent pour les sauvages convertis de l'Amérique du Sud.

En dehors des villages, les Missionnaires ont, en Kabylie et dans le Sahara tripolitain, des stations de missions proprement dites. Ils y gagnent la confiance et l'affection des indigènes, par l'exercice de la charité, principalement auprès des malades et des pauvres. Ils y font l'école aux petits enfants que les parents leur confient. Ils y exercent, enfin, les fonctions du saint ministère auprès des Sœurs de la mission, qui remplissent, comme eux, les devoirs de la charité pour les femmes et les enfants de leur sexe. Je dois ajouter que les missionnaires ne sont établis dans aucune des paroisses européennes de l'Algérie. Un premier essai avait été fait pour ce genre de ministère, mais il a semblé qu'il ne répondait pas à la vocation d'une Société de missions, et il a été, en conséquence, complètement abandonné.

Dans le Sahara, et en dehors des limites de nos possessions françaises, les missionnaires d'Alger s'établissent, de proche en proche, dans les oasis, de façon à gagner un jour Tombouctou et le Soudan indépendant, qui est le but ultérieur de leur apostolat. Comme en Algérie, cet apostolat s'exerce par la charité et par l'instruction des enfants. Une première tentative a donné lieu au martyre de trois d'entre eux, les pères Paulmier, Ménoret et Bouchand. Mais je dois reconnaître que leur mort n'a fait qu'exciter le zèle de leurs confrères, et que ceux-ci, plus heureux, sont établis aujourd'hui, en plein pays musulman du Sahara, sans autre protection que celle de Dieu, et avec l'espérance, fondée et prochaine, d'arriver bientôt au terme de leurs désirs les plus ardents.

En Tunisie, la Société des missionnaires d'Alger accomplit les mêmes œuvres qu'en Algérie. Elle est chargée, de desservir le sanctuaire élevé, sur les ruines de Carthage, au lieu même où la tradition place la mort de saint Louis.

Dans l'Afrique équatoriale, le champ le plus vaste est ouvert à son zèle, elle a été chargée par N. S. P. le Pape Léon XIII de la fondation de plusieurs nouveaux vicariats apostoliques. dont l'étendue égale presque celle de l'Europe, et dont la population s'élève, comme je l'ai dit, d'après les calculs les plus récents, à près de cent millions d'âmes. Les maux qu'elle doit y combattre sont en proportion de l'étendue territoriale et de la population de ces missions nouvelles. L'idolâtrie y règne en souveraine. L'esclavage, cette plaie hideuse de l'Afrique, y exerce toutes ses horreurs. Seules elles suffiraient à enflammer le zèle des apôtres catholiques. Aussi ne crois-je pouvoir mieux faire, pour donner une exacte idée du champ ouvert devant lui, que de reproduire ici ce que j'en disais, dans une communication adressée à M. le Directeur des Écoles d'Orient.

« A moins d'être au centre de l'Afrique et de se trouver en contact avec les esclaves, il est impossible de se faire une exacte idée des crimes, des cruautés, des infamies de tout genre qu'entraînent l'esclavage et le commerce auquel il donne lieu. Je parle de ce qui se fait en ce moment où j'écris ces lignes, de ce que j'ai vu de mes yeux ou entendu de la bouche même des tristes victimes de ces infamies, et nullement, comme on pourrait le croire, de faits du passé. La traite maritime a été supprimée, il est vrai, mais la traite par terre existe toujours, elle s'est même accrue sur certains points par la suppression de la traite maritime et elle a revêtu des caractères plus abominables.

» Dans le nord et l'est de l'Afrique, ce sont les musulmans qui, soit par eux-mêmes, soit par les nègres qu'ils ont associés à leur infâme commerce sont les pourvoyeurs de l'esclavage. Ils ont à leurs gages des bandes de pillards et d'assassins, qui pénètrent, pour leurs brigandages, dans les pays des nègres idolâtres.

» Les États barbaresques, l'Égypte, le Zanguebar, le Soudan mahométan, sont le point de départ de ces tristes expéditions. Souvent elles se bornent à la chasse d'invididus isolés, de femmes, d'enfants qui s'écartent de leurs demeures, mais souvent aussi ce sont des attaques en règle. Les villages paisibles des nègres de l'intérieur sont cernés, tout d'un coup, pendant la nuit, par ces féroces aventuriers. Presque jamais les nègres, qui n'ont pas d'arms à feu, ne se défendent; ou ceux qui se défendent sont bientôt massacrés par des hommes armés jusqu'aux dents. Ces malheureux fuient dans les ténèbres, mais tout ce qui est pris est immédiatement enchaîné et entraîné, hommes, femmes et enfants, vers un marché de l'intérieur. Les enfants, à cause de leur faiblesse, sont toujours en majorité parmi les captifs. Dans nos régions, c'est Tombouctou qui est le marché principal; on les y amène de contrées situées à soixante, quatre-vingts et cent jours de marche.

» Alors commence, pour eux, une série d'ineffables misères. Tous ces esclaves sont à pied; aux hommes qui paraissent les plus forts et dont on pourrait craindre la révolte, on attache les mains et quelquefois les pieds, de telle sorte que la marche leur devient un supplice, et sur leur cou on place des fourches à compartiments qui en relient plusieurs entre eux.

» On marche toute la journée. Le soir, lorsqu'on s'arrête pour prendre du repos, on distribue aux prisonniers quelques poignées d'orge ou de sorgho cru. C'est toute leur nourriture. Le lendemain il faut repartir.

» Mais, dès les premiers jours, les fatigues, la douleur, les privations en ont affaibli un certain nombre. Les femmes s'arrêtent les premières. Alors, afin de frapper d'épouvante ce malheureux troupeau humain, ses conducteurs s'approchent de celles qui paraissent plus épuisées, armés d'une barre de bois, pour épargner la poudre. Ils en assènent un coup terrible sur la nuque des victimes infortunées, qui poussent un cri et tombent, en se tordant dans les convulsions de la mort.

» Le troupeau terrifié se remet aussitôt en marche. L'épouvante a donné des forces aux plus faibles. Chaque fois que quelqu'un s'arrête épuisé, le même affreux spectacle recommence.

» Le soir, en arrivant au lieu de la halte, lorsque les premiers jours d'une telle vie ont exercé leur influence délétère, un spectacle non moins horrible les attend. Ces marchands d'hommes ont acquis l'expérience de ce que peuvent supporter leurs victimes. Un coup d'œil leur apprend quels sont ceux qui bientôt succomberont à la fatigue. Alors pour épargner d'autant la maigre nourriture qu'ils distribuent, ils passent avec leur barre derrière ces malheureux et d'un coup ils les abattent. Leurs cadavres restent où ils sont tombés, et c'est près d'eux que leurs compagnons sont obligés de manger et de dormir.

» Mais quel sommeil! on peut le deviner sans peine. Parmi les jeunes nègres arrachés, par nous, à cet enfer et rendus à la liberté, il y en a qui se réveillent chaque nuit, pendant longtemps encore, en poussant des cris affreux. Ils revoient, dans des cauchemars sanglants, les scènes abominables dont ils ont été les témoins.

» C'est ainsi que l'on marche, quelquefois pendant des mois entiers, quand l'expédition a été lointaine. La caravane diminue chaque jour. Si, poussés par les maux extrêmes qu'ils endurent, quelques-uns tentent de se révolter ou de fuir, leurs maîtres féroces, pour se venger d'eux, leur tranchent les muscles des bras et des jambes, à coups de sabre et de couteau, et les abandonnent ainsi le long de la route attachés l'un à l'autre par leurs cangues, et ils meurent lentement de faim et de désespoir. Aussi, a-t-on pu dire avec vérité que, si l'on perdait la route qui conduit de l'Afrique équatoriale aux villes où se rendent les esclaves, on pourrait la retrouver aisément par les ossements des nègres dont elles sont bordées!

» Ce spectacle est horrible sans doute, mais combien ont été plus affreuses encore les tortures au milieu desquelles tant et de si nombreuses créatures ont vu venir la mort. Et on calcule que chaque année, *quatre cent mille* nègres sont les victimes de ce fléau!

» Enfin, on arrive sur le marché, où on conduit ce qui reste de ces infortunés après un tel voyage. Souvent c'est le tiers, le quart, quelquefois moins encore, de ce qui a été capturé au départ.

» Là commencent des scènes d'une autre nature, mais non moins odieuses. Les nègres captifs sont exposés en vente comme du bétail ; on inspecte tour à tour leurs pieds, leurs mains, leurs dents, tous les membres de leur corps, pour s'assurer des services que l'on peut en attendre. On discute leur prix devant eux comme celui d'une bête de somme, et, quand le prix est réglé, ils appartiennent corps et âme à celui qui le paie. Rien n'est plus respecté, ni les liens du sang, car on sépare sans pitié le père, la mère, les enfants, malgré leurs cris et leurs larmes ; ni la conscience, car ils doivent embrasser sur-le-champ la religion du musulman qui les achète. Enfin, leur vie est à la discrétion de ceux qui les possèdent. Nul n'est tenu, dans l'Afrique centrale, de rendre compte de la mort de ses esclaves.

» Il est vrai que lorsqu'ils sont arrivés dans les mains de ceux qui les emploient comme serviteurs, ils sont généralement traités, tant qu'ils se portent bien, avec assez d'humanité ; on craindrait, si on les traitait trop mal, qu'ils ne mourussent avant l'heure. Mais dès qu'ils sont vieux ou malades, de façon à ne plus pouvoir servir, on les chasse à coups de bâton jusqu'à ce qu'ils aillent mourir dans la rue ou au cimetière.

» Tel est l'esclavage africain dans son épouvantable horreur !

» Tels sont les maux que nous sommes appelés à guérir, car la Société de nos missionnaires ne doit pas, ainsi que vous le savez, borner ses travaux à l'Algérie. L'Algérie n'est que la moindre partie du vaste champ qu'elle est appelée à défricher. Elle doit pénétrer dans l'intérieur ; elle y a déjà pénétré ; elle y prêche ouvertement l'Evangile ; elle l'a arrosé de son sang ; et c'est de ce sang même qu'est née notre œuvre nouvelle de l'abolition de l'esclavage.

» C'est par les Africains que nous avons entrepris de le détruire. Non contents de prêcher ouvertement l'Évangile aux adultes, nous rachetons dans l'intérieur les pauvres enfants nègres qui y sont en servitude. Nous en rachèterions bien davantage encore si nous avions les ressources nécessaires. Chacun d'eux nous coûte en moyenne cent cinquante francs. Une fois rachetés, nous les rendons à la liberté, nous les élevons, nous en ferons un jour, s'il plaît à Dieu, des hommes, des hommes utiles, des apôtres ayant une double horreur des calamités qui dévorent leur race et du commerce infâme des créatures humaines, qui est la plus grande de ses calamités.

» Je vous dirai un jour, dans le détail, tous nos plans à cet égard, son exécution est déjà commencée. Les premiers enfants nègres, rachetés par nous, forment le premier noyau de deux collèges, l'un à Saint-Louis de Carthage, en Tunisie, l'autre à Notre-Dame d'Afrique. Nous en pensons faire des médecins, sauf de ceux à qui, par exception, Dieu donnerait la vocation d'être missionnaires. Mais tout cela demanderait de trop longs développements. »

A Jérusalem, par une spéciale faveur de Dieu, destinée, comme j'en ai la confiance, à attirer sur les Missionnaires d'Alger les bénédictions d'en haut, la Société est aujourd'hui chargée, par le Saint-Siège, de desservir les sanctuaires de Sainte-Anne et de l'Immaculée-Conception de la Très Sainte-Vierge. C'est la maison où, d'après la tradition constante de l'Eglise de Jérusalem et de tout l'Orient, cette Vierge bénie, non seulement a habité durant son enfance, sous la conduite de sa sainte mère, ce que personne ne conteste, mais encore est née et a été conçue sans péché.

Enfin, en France, dans le diocèse de Rodez, la Société des Missionnaires d'Alger a fondé, et dirige, deux établissements. L'un destiné à donner une éducation chrétienne et scientifique aux enfants africains les mieux doués parmi ceux qu'elle a adoptés ; l'autre à former, dans une école apostolique, les enfants, originaires de France, qui se sentent la vocation de partager un jour ses travaux.

Pour les enfants originaires de Belgique, les RR. PP. Jésuites ont bien voulu s'entendre avec moi pour recevoir à leur Ecole apostolique de Turnhout, dans la Campine, ceux qui se destineraient aux Missions d'Afrique. C'est moi-même, grâce à de généreux Bienfaiteurs, qui me charge de tous leurs frais d'éducation, de nourriture, de vêtements (1).

Tel est l'ensemble des œuvres entreprises jusqu'à ce jour par la Société des Missionnaires d'Alger. Ajoutez-y la direction du Noviciat, du Scolasticat, celle d'une seconde école apostolique à Alger, et bientôt d'un Institut de nègres, et vous aurez une idée du vaste champ qui s'ouvre devant elle. Toutes les aptitudes peuvent y être également utilisées.

III

Règles de la Société des Missionnaires. — Vous désirez les connaître, au moins en abrégé. Vous avez raison ; car, quelles que soient les œuvres accomplies par une Société religieuse, elles sont peu de chose en comparaison des règles qui la forment et la dirigent : « *Qui regulæ vivit, Deo vivit.* »

Je ne puis évidemment tout vous dire ; il faudrait reproduire ici la règle tout entière. Je me contenterai donc de vous en rapporter les points essentiels, en ajoutant que cette règle a été soumise à l'approbation du Saint-Siège, qui a exempté la Société de la juridiction de l'Ordinaire et l'a directement soumise à son autorité.

« CARACTÈRE PROPRE DE LA SOCIÉTÉ. — Cette petite Société est une Société de Clercs séculiers, voués aux Missions d'Afrique, vivant en communauté, pratiquant la même règle et liés entre eux à l'œuvre commune, par le serment de se consacrer aux Mis-

---

(1) Pour de plus amples renseignements, s'adresser à M. L'ABBÉ PAAPS, *correspondant de l'Œuvre des Missions d'Afrique (d'Alger), rue du Riche-Beuklaar, 7, à Anvers.*

sions d'Afrique, selon les règles de la Société et sous l'obéissance des Supérieurs.

» Les Missionnaires s'efforcent de prendre pour modèles les Apôtres que Notre-Seigneur réunit autour de lui, durant sa vie mortelle. Ils se forment, sous la conduite et la grâce de ce Divin Chef, à toutes les vertus chrétiennes et apostoliques, et, en particulier, à l'amour de Dieu, à celui des âmes; et après s'être sanctifiés eux-mêmes, ils répandent sur les brebis perdues, auxquelles ils sont envoyés, la vie divine qui est en eux.

» Leur vie est donc une vie de sainteté, de mortification, de zèle. Ils doivent se faire tout à tous, pour gagner les âmes à Jésus-Christ et à son Eglise, et ne reculer devant aucune peine, pas même devant la mort, lorsqu'il s'agit d'étendre le règne de Dieu.

» Admission dans la Société et engagement envers elle. — Nul ne peut être admis à l'épreuve dans la Société avant l'âge de seize ans révolus. Les enfants plus jeunes sont placés dans des écoles préparatoires qui portent le nom de Petits Noviciats ou d'Ecoles Apostoliques.

» Nul, sauf des cas exceptionnels qui sont soumis à la décision du Conseil, ne peut être admis au Grand Noviciat, s'il n'a terminé ses études jusqu'à la philosophie exclusivement.

» Tous ceux qui se présentent soit laïques, soit clercs, soit prêtres, doivent faire régulièrement une année entière de probation au Grand Noviciat après leur prise d'habit.

» Durant cette année, ils s'appliquent, sous la conduite du Supérieur du Noviciat, à se corriger de leurs défauts et à se former aux vertus apostoliques.

» Ils ne font point, pendant le noviciat, d'autres études que celles de la langue indigène et de la Sainte-Écriture.

» Si, d'après le jugement du Supérieur du Noviciat et celui du Supérieur général assisté de son Conseil, ils sont reconnus dignes d'être admis dans la Société, à la fin de l'année du noviciat les Missionnaires s'engagent à l'Œuvre par le serment suivant :

« Moi, N. N..., fais serment sur les Saints Evangiles, de me
» consacrer désormais, et jusqu'à la mort, à l'Œuvre des
» Missions d'Afrique, selon les règles et constitutions de la
» Société des Missionnaires séculiers d'Alger, placés sous la
» protection de Notre-Dame des Missions d'Afrique.

» Je promets et jure soumission aux Supérieurs de ladite So-
» ciété, pour tout ce qui concerne les emplois auxquels ils me
» nommeront et la manière de les remplir, selon les règles de la
» même Société.

» Je m'engage, en outre, à vivre pauvrement, saintement et
» apostoliquement, autant que me le permettra la faiblesse hu-
» maine, et à me consacrer tout entier au salut des pauvres infi-
» dèles de l'Afrique. Ainsi Dieu me soit en aide et ses Saints
» Evangiles. »

» Ce serment, écrit de la main du novice, est signé par lui sur
les marches de l'autel, et ensuite remis au Secrétaire de la Société des Missionnaires pour être conservé dans les archives. Il
est fait en ce sens que le Supérieur général peut, après avoir pris
l'avis du Conseil et conformément à cet avis, en relever pour les
motifs canoniques qu'il trouve suffisants.

» Après l'année de noviciat achevée, et lorsqu'ils ont prêté le
serment, ceux qui n'ont pas fait ou terminé leur philosophie et
leur théologie, sont appliqués à l'étude de ces sciences, dans le
Séminaire ou Scolasticat spécial de la Mission, qui est distinct
du Noviciat. Ils peuvent, aussi, interrompre momentanément
leurs études pour être employés à quelques surveillances, ou
autres emplois, dans la Société, pendant un certain temps, si les
Supérieurs le jugent convenable pour le bien du sujet et de la
Mission. Mais ces cas seront très rares.

» La durée des études du Scolasticat est de trois ans, non com-
pris la Philosophie.

» Des règlements particuliers régissent le Noviciat et le Scolasticat.

» Lorsqu'ils ont reçu le Sacerdoce, ou, s'ils l'ont déjà reçu, lorsqu'ils ont terminé l'année de probation comme il est dit plus haut, les Missionnaires sont appliqués à l'œuvre de la Mission, soit dans l'une des maisons où sont élevés les enfants indigènes, soit auprès des infidèles, soit enfin dans le gouvernement général de l'Œuvre, selon la volonté des Supérieurs.

» Une fois le serment prononcé, on est membre de la Société, qui contracte elle-même des engagements vis-à-vis du Missionnaire et ne peut plus le renvoyer que pour une faute grave ou une inaptitude reconnue à la vie régulière et apostolique, et par une décision motivée du Conseil.

» Pour les missions, nous nous contenterons de mentionner les points fondamentaux suivants qui sont expliqués en détail dans le Directoire :

» 1° JAMAIS DANS AUCUN CAS ET SOUS AUCUN PRÉTEXTE, QUEL QU'IL SOIT, LES MISSIONNAIRES NE POURRONT ÊTRE HABITUELLEMENT MOINS DE TROIS ENSEMBLE, PÈRES OU FRÈRES, LORSQU'ILS IRONT EN MISSION. ON REFUSERA, POUR NE PAS MANQUER A CETTE RÈGLE, LES OFFRES LES PLUS AVANTAGEUSES, LES PLUS URGENTES, ET L'ON RENONCERA PLUTÔT A L'EXISTENCE DE LA SOCIÉTÉ QU'A CE POINT CAPITAL.

» 2° On ne fera jamais de visite, seul, chez les indigènes ; on s'y fera toujours accompagner d'un confrère. — On n'ira pas non plus seul faire des visites aux Européens, et on ne sortira jamais au dehors sans avertir le P. Supérieur de la Maison ou celui qui le remplace. — On n'ira jamais dîner en ville, dans le lieu de sa résidence, si ce n'est chez un Évêque.

» 3° Dans toutes les Missions, il y aura une école pour les enfants indigènes.

» 4° Dans toutes les Missions, il y aura aussi une pharmacie où l'on distribuera gratuitement des médicaments aux malades et où on pansera leurs plaies.

» 5° Dans toutes les Missions, les Pères se réuniront, chaque semaine, à un jour fixé une fois pour toutes, pour tenir conseil sous la présidence du Supérieur local. A la première réunion de chaque mois, l'économe devra présenter ses comptes au Conseil.

» 6° Des conférences de théologie auront lieu tous les quinze jours, à un jour fixé une fois pour toutes, dans chaque Mission. Tous les Missionnaires de la Station seront tenus d'y assister.

» Les questions à résoudre dans ces conférences seront indiquées par le Conseil et extraites des traités qui font l'objet des examens de l'année.

» Dans toutes les questions de morale et de dogme, on n'aura jamais d'autres règles que les décisions et les indications du Saint-Siège Apostolique, et l'on considérera la soumission et le dévouement au Saint-Siège comme la première gloire et le caractère propre de cette petite Société.

» 7° Tous les Missionnaires sont, après leur ordination au Sacerdoce, astreints à des examens de théologie, tellement combinés qu'ils revoient, en dix ans, deux fois complètement, tous les traités de théologie dogmatique et morale.

» Ces examens seront de deux sortes, *oraux* et *écrits*.

» Les examens oraux se passeront, tous les ans, à l'époque de la retraite et avant l'ouverture de celle-ci. Ils auront lieu devant une commission de Missionnaires nommés par le Conseil et en présence de tous les Missionnaires-Prêtres.

» Les examens écrits consisteront en des tableaux, analytiques ou synoptiques, des traités sur lesquels les examens devront être passés à la fin de l'année. Ils seront envoyés, tous les trois mois, au P. Supérieur général, pour être soumis à une commission nommée par le Conseil.

» 8° Pour l'ordre intérieur, la division des occupations et des ministères, les permissions à demander et tout le reste de la vie commune et de la vie apostolique, les Missionnaires sont placés sous l'autorité du Supérieur local auquel ils doivent obéir, en tout, comme au représentant de Dieu.

» 9° Le Supérieur de chaque Mission écrira tous les mois au P. Supérieur général, et chaque Missionnaire tous les trois mois, pour lui rendre compte de la marche de la Mission, de ses succès, des obstacles qu'elle rencontre et de leurs dispositions personnelles.

» DE L'ORDRE DES JOURNÉES POUR LES MISSIONNAIRES. — Le lever a lieu à cinq heures.

» Ce point est tellement essentiel que tout le reste en dépend, et il est de l'intention du fondateur de la Société que l'habitude d'y manquer habituellement, par paresse, en se levant plus tard, hors le cas de maladie bien constaté, constitue une faute grave dont ceux qui se rendront coupables devront être sévèrement repris et, s'ils ne se corrigent pas, après trois avertissements successifs, renvoyés sans délai de l'Œuvre, étant d'expérience, dans toutes les communautés, qu'aucun point de la règle ne tient lorsque celui-ci est violé.

» L'oraison suit le lever et la prière; elle dure une demi-heure. On la fera en commun. On dira ses petites heures avant ou après la Messe.

» La sainte Messe est dite à l'heure fixée à chacun par le Supérieur.

» Les Missionnaires font eux-mêmes leur lit, leur chambre, et travaillent à maintenir l'ordre et la propreté dans la maison.

» Les heures de la visite au Très Saint-Sacrement, de la lecture spirituelle, de l'Examen particulier et des repas, ainsi que le temps à consacrer aux études de l'Écriture-Sainte, de la théologie et des langues indigènes, sont fixées par le règlement particulier de chaque maison, conformément aux exigences de leurs diverses situations.

» Le coucher a lieu à neuf heures.

» On n'indique ici que les points capitaux et on ne détaille pas l'ordre des journées, afin que la règle reste applicable à toutes les situations où se trouvent les Missionnaires. Mais ceux-ci doivent remplir saintement leur temps, en en fixant eux-mêmes l'emploi par un règlement particulier, et dans chaque maison ou Mission, on adopte un ordre précis de journée et on le fait approuver par le Supérieur général ou par le Visiteur.

» Le Directoire explique l'esprit et les intentions dans lesquels doivent être faits ces divers exercices.

» De la vie matérielle dans la Société. — Quoique la vie matérielle et les règles qui doivent la diriger soient accessoires dans la Société, cependant les règles en déterminent les points essentiels, afin que, d'une part, il y ait uniformité et que, de l'autre, le bien soit rendu plus facile.

» L'esprit, qui préside à tout, est de se rapprocher, autant qu'on le peut, du genre de vie des indigènes. Sans cela, la Mission ne serait plus possible ; tant parce qu'on ne pourrait, dans bien des lieux, se procurer les choses nécessaires, que parce qu'il faudrait les payer, partout, à un tel prix que les ressources de la mission seraient bientôt épuisées.

» Nous allons donc énumérer succinctement ce qui regarde le logement, l'ameublement, le vêtement, la nourriture, la langue dont se servent les Missionnaires, faisant observer que l'on détermine ici ce qu'il n'est point permis de dépasser, mais laissant la liberté de se renfermer, pour ce qui regarde les choses personnelles, dans une plus étroite limite, si la santé le permet. Sans mortification, en effet, il n'y a pas de vertu véritablement apostolique.

» Vêtement. — Le vêtement et le linge de chacun appartiennent en propre aux Missionnaires. Il n'y a pas de lingerie commune.

» Dans l'Afrique du nord, le vêtement est celui des indigènes. Il se compose :

» D'une robe ou gandoura et d'un burnous ; le tout en laine blanche ;

» D'un rosaire sans chaîne, autour du cou et terminé par une croix formée par les grains mêmes du chapelet ;

» D'un kaïk et de sa corde, ou d'une chéchia en laine rouge ;

» D'une culotte de toile ou de drap ;

» Les bas, si on en porte, sont blancs.

» On tient compte, pour la forme des souliers, des usages et exigences des diverses localités.

» Dans les paroisses européennes et dans les Missions situées en dehors de l'Afrique du nord, les Missionnaires peuvent, si cela est jugé nécessaire, porter, sur leur habit blanc, un surtout noir, comme les ecclésiastiques séculiers.

» L'uniformité existe dans le costume entre tous les missionnaires, selon les divers lieux où ils se trouvent, et les Supérieurs ne permettent pas qu'il y soit changé quoi que ce soit par les particuliers.

» Les Missionnaires prennent l'habit de la Société dès le noviciat, immédiatement après la retraite qu'ils font lors de leur entrée. Ils ne le quittent plus, ensuite, sans la permission expresse de leurs Supérieurs.

» ALIMENTATION. — Elle est saine et suffisante, mais pauvre et aussi semblable que possible à celle des indigènes.

» Les Missionnaires se souviennent qu'ils vivent d'aumônes, et que leur pain leur est donné par de pauvres catholiques qui prennent, pour cela, sur leur nécessaire.

» Leur vie devant être, par elle-même, une rude et perpétuelle pénitence, ils n'ont point d'autre jour de jeûnes et d'abstinence que ceux commandés par l'Église.

» Dans les Maisons où il y a au moins trois Missionnaires prêtres, on lit tout le temps du repas quelque livre qui ait trait à l'Afrique et aux Missions. Chacun des trois missionnaires lit pendant le tiers du repas. Dans celles où il n'y a qu'un moindre nombre de Missionnaires prêtres, on lit, au commencement du repas, dix versets d'Écriture-Sainte et, à la fin, deux versets de l'*Imitation*.

» L'Écriture-Sainte se lit toujours dans l'une des langues indigènes.

» En cas de maladie, on donne aux malades tout ce qui leur est nécessaire, si le Missionnaire a pris sa maladie au service de l'Œuvre ; mais on ne garde pas les novices en probation s'ils sont habituellement malades et s'ils ont besoin d'un régime à part.

» ENTRETIEN. — Les missionnaires ne font point vœu de pauvreté, mais ils doivent cependant pratiquer cette vertu, tout apostolique, plus strictement encore que des religieux, se rappelant que l'argent inutilement dépensé est autant d'enlevé aux œuvres de la Mission, et par conséquent au rachat des âmes.

» C'est la Mission qui se charge, comme il a été dit, de leur logement, ameublement et frais de nourriture.

» Le Conseil règle chaque année, après la retraite annuelle, le budget de chaque Maison, sur le vu du rapport et des observations que lui adresse à cet égard le Supérieur local.

» Le vêtement, le blanchissage, l'achat des livres restent à la charge personnelle de chacun, mais ceux qui sont prêtres et se sont acquittés des dettes contractées par eux pendant le temps du noviciat, ont pour cet usage, la libre disposition de tous leurs honoraires de Messe que la Mission leur fournit, s'ils ne préfèrent se les procurer.

» Quant à ceux qui ne seraient pas encore prêtres, ils devraient se fournir eux-mêmes de vêtements, mais seulement pendant l'année du Noviciat. S'ils ne le peuvent pas en con-science, la Mission les leur fournit.

» C'est la Mission ou la Maison à laquelle appartient le Mis-sionnaire qui fait les frais des voyages, même de peu d'étendue, entrepris pour l'Œuvre et par l'ordre exprès du Supérieur. »

Je ne vous parle pas de ce qui regarde le gouvernement de la Société des Missionnaires ; il ressemble, à peu de choses près, à ce qui se pratique dans les autres congrégations. Ce sont les Missionnaires qui élisent le chapitre. C'est le chapitre qui nomme le Supérieur général et son Conseil, et le Supérieur général qui nomme, à son tour, les supérieurs locaux. Je ne vous parle pas, non plus, des moyens particuliers de sanctifi-cation, comme sont : la retraite annuelle, qui dure huit jours entiers et se fait complètement en silence ; la retraite du mois et les autres exercices de piété. Mais, j'attire votre attention sur trois points spéciaux qui ont une vraie importance et qui sont particuliers à la Société des Missionnaires d'Alger :

Le premier est qu'on n'y fait point de vœux de religion, mais un simple serment de stabilité et d'obéissance, dont le Supé-rieur peut relever, pour les motifs qu'il juge suffisants, d'ac-cord avec son Conseil.

Le second, que les Missionnaires ne sont jamais isolés, dans les Missions, ce qui pourrait être une cause de découragement et de chute. Ils sont toujours au moins trois ensemble, de façon à pouvoir se soutenir et s'animer réciproquement dans la pra-tique des vertus apostoliques.

Le troisième est, que les Missionnaires conservent la libre disposition de leurs honoraires de messes, sur lesquels ils n'ont à payer que leurs vêtements, et qu'ils peuvent ainsi venir, s'ils le veulent, au secours de leur famille, qui les a élevés souvent en s'imposant de durs sacrifices.

IV

Difficultés, souffrances et espérances des Missionnaires d'Alger. — Il ne faut pas se dissimuler qu'une Mission comme celle de l'Afrique, et particulièrement de l'Afrique intérieure présente des difficultés, des souffrances et des périls.

Les premiers viennent du climat, dur à supporter en commençant, pour les constitutions européennes ; on a tâché toutefois de les diminuer, en acclimatant les missionnaires à un âge où le tempérament se modifie sans trop de peine. C'est pour cela que, contrairement à ce qui se pratique dans les autres congrégations qui ont leurs maisons de probation en Europe, le noviciat et le scolasticat ont été établis en Afrique même, auprès d'Alger, c'est-à-dire dans une région intermédiaire entre le climat d'Europe et celui de l'équateur. De cette façon les Missionnaires peuvent s'éprouver eux-mêmes, et ne pas se trouver lancés dans un milieu nouveau sans savoir s'ils pourront le supporter. Ils acquièrent aussi, par cette épreuve, une résistance plus grande contre les insolations et les fièvres africaines.

La seconde cause de souffrance est le changement d'alimentation, surtout dans l'intérieur. On y est privé de la plupart des choses auxquelles nous sommes habitués, en Europe. On n'y a souvent ni pain, ni vin, ni légumes ; et les fruits y sont tout différents. Enfin, l'obligation de faire de longs voyages, la plupart du temps aux ardeurs du soleil, s'ajoute aux causes de souffrances que je viens d'énumérer. On y habitue cependant les missionnaires, dès le temps du noviciat, et ils peuvent y faire aussi, sous ce rapport, l'épreuve de leurs forces.

A côté des causes de souffrances matérielles, il y en a d'autres certainement plus pénibles pour le missionnaire, principalement dans le commencement d'une mission. C'est toujours, en effet, une

œuvre longue et difficile, que de changer un peuple et de l'ame-
ner de l'erreur à la vérité, du vice et de la barbarie à la civilisa-
tion et à la vertu. Quand la malédiction de Dieu a plané sur lui,
durant de longs siècles, l'œuvre est encore plus difficile. Si donc,
le missionnaire arrive avec des illusions, trop communes aux
natures généreuses ; s'il croit qu'il lui suffira de se montrer pour
entraîner ceux qui l'écouteront, de leur parler pour les convertir,
il se heurtera bientôt à des mécomptes qui le jetteront dans le
découragement. A ce mal, il n'y a qu'un seul remède, c'est l'appui de Dieu sollicité par la prière, et la ferme persuasion que ce
qui est demandé au missionnaire, ce n'est pas tant le succès que
la fidélité à ses saints devoirs. Avec cela on soutient, jusqu'au
bout, le bon combat dont parle saint Paul, et lors même que,
dans tout le cours d'une vie, on n'aurait sauvé que quelques
âmes, on reçoit de Dieu la même récompense que les apôtres qui
ont converti des multitudes.

Mais je dois ajouter que toutes ces souffrances ont leurs com-
pensations, et quelques-unes au centuple. Au point de vue ma-
tériel, si la vie africaine est dure sous plusieurs rapports, elle est
séduisante sous beaucoup d'autres. Ceux qui ont connu le ciel
pur de l'Afrique, sa lumière étincelante, tout ce qu'elle présente
de majestueux et de pittoresque, ne peuvent plus s'en détacher.
Les hauts plateaux de l'intérieur sont remarquables de fertilité,
de grandeur, de salubrité même, et les récents explorateurs s'ac-
cordent à dire qu'il n'y a pas de pays plus riches et plus admirables
sous le soleil. Au point de vue spirituel, la moisson s'annonce
très abondante, plus abondante peut-être même dans l'Afrique
équatoriale, qu'en aucune autre mission du monde, pour les pré-
dicateurs de l'Évangile. Si donc le cortège des périls que je viens
d'énumérer, et auquel il faut joindre la férocité des animaux et
celle plus grande encore de quelques tribus barbares, si le cortège, dis-je, de ces périls est plus effrayant, les consolations sont
aussi plus grandes, et l'on y peut dire avec saint Paul : « *Super-
abundo gaudio in omni tribulatione nostra.* »

C'est vraiment, du reste, cette joie intérieure qui vient de la souffrance même supportée pour l'amour de Notre-Seigneur, de la conscience de travailler à l'extension de son règne, dans les autres et en soi-même, qui fait la supériorité de la vocation du missionnaire, sur celle du prêtre des pays chrétiens. Sa vie, ses horizons, ces ineffables espérances sont tout autres. S'il a des épreuves à traverser, il a du moins de grandes choses à faire. S'il souffre de privations matérielles, il ne connaît ni les petites misères, ni l'ennui, ni les vulgaires préoccupations qui, trop souvent, assaillent un pauvre curé, dans nos paroisses Européennes ; il peut, par moments, s'attiédir sans doute, mais il a du moins la joie de se rendre ce témoignage, qu'un jour il a fait à Dieu le sacrifice héroïque de tout ce qui lui était cher, de ses habitudes, de ses affections, de sa vie même ; et il sait qu'il travaille pour un maître qui ne se laisse point vaincre en générosité.

Dans ce sentiment, il ne cherche que l'occasion de se dévouer, de souffrir encore, et l'heure après laquelle il aspire le plus est celle où il consommera son martyre.

Déjà, vous le savez, et je l'ai rappelé plus haut, la Société des missionnaires d'Alger a eu ses premiers martyrs. Tout annonce que, dans des missions si périlleuses, ils seront suivis par beaucoup d'autres. Il n'y en a pas un seul, parmi eux, qui, dans l'ardeur brûlante de sa foi, ne nourrisse ce secret désir et n'aspire à ce triomphe.

Lorsque je dois choisir, comme Supérieur majeur, quelqu'un d'entre eux pour une mission plus périlleuse, mon seul embarras vient de ce que tous se présentent pour l'accomplir. C'est vraiment l'enthousiasme du sacrifice, tel que Dieu le donne, comme une grâce, au commencement des œuvres grandes et difficiles.

C'est en particulier ce qui s'est passé, cette année encore, lorsque j'ai eu à désigner les douze missionnnaires partis, il y a quelques mois, pour aller rejoindre au centre même de l'Afrique, les dix premiers apôtres que le Saint-Siège y avait envoyés l'année précédente (1).

C'est le 20 juin, jour de la fête du Sacré-Cœur qu'ils ont quitté Alger, après une cérémonie touchante faite à la cathédrale, où se pressait une foule émue et recueillie, à qui j'ai adressé les paroles suivantes. Je les cite ici, dans la pensée qu'elles vous donneront une idée plus complète encore des Œuvres qu'accomplissent en Afrique les Missionnaires d'Alger.

« Mes très chers Frères,

» Lorsque vos fils abandonnent sans retour le toit paternel, la famille qui les a jusqu'alors entourés de ses affections saintes, se réunit, d'ordinaire, pour leur donner une marque suprême de sa sollicitude et de sa tendresse. Les graves conseils du père, les larmes inquiètes de la mère, les vœux de l'amitié fraternelle, tout imprime à ce moment solennel un ineffaçable caractère, où les regrets, les espérances, les bénédictions se confondent et restent la consolation de l'absence et la protection de toute une vie.

La religion a consacré, dès l'origine, la sainteté de ces adieux. Les fidèles de l'Asie accompagnaient de leurs larmes et de leurs prières Paul qui les quittait pour ne plus les revoir. Dans les prisons ou dans les catacombes, les chrétiens de Rome se pressaient la veille du martyre, autour des confesseurs, pour embrasser leurs pieds, en signe de respect, ne se croyant pas dignes d'embrasser ces têtes vénérables qui allaient tomber sous le fer du bourreau ; et, dans sa prévoyance maternelle, l'Eglise a placé parmi les prières de sa liturgie, celle où elle appelle sur ses enfants, au moment du départ, la protection du ciel.

» C'est cette prière que nous allons faire, ce soir, près de ces autels, pour ces jeunes hommes, pour ces apôtres, fils de notre Église Africaine, qui doivent nous quitter sans retour.

(1) Ce dernier départ comprenait douze membres de la Société des Missionnaires d'Alger, plus six Zouaves-missionnaires, dont quatre venaient de Belgique.

» Vous connaissez leur histoire, M. T. C. F. Venus de notre France, préparés parmi nous à leurs rudes combats, ils vont rejoindre, au centre du continent dont nous gardons les portes, leurs frères, partis depuis un an déjà, et qui les appellent à partager leurs travaux. Ils vont partir avec les vaillants compagnons que la Belgique et l'Angleterre leur envoient, et ce jour est le dernier où ils foulent le sol de la patrie, où ils entendent la langue maternelle, où ils voient près d'eux leurs pères, leurs frères dans le sacerdoce, le peuple fidèle, tout ce qu'ils sacrifient à jamais.

» Et nous, M. T. C. F., nous venons, si j'ose le dire, rappeler à Dieu les promesses qu'il a faites à ceux qui abandonnent tout pour son amour.

» Oui, à Dieu, mes Fils bien-aimés, nous confions vos corps et vos âmes, et vos travaux et vos espérances. Sa providence paternelle veillera sur vous. Elle vous guidera sur l'immensité des mers, elle rafraîchira vos âmes sous les ardeurs d'un ciel nouveau, elle soutiendra votre courage elle vous préparera les récompenses promises à ses serviteurs.

» Et qu'allez-vous faire, en effet, sinon servir les desseins de sa miséricorde sur des peuples infortunés?

» Le monde entier a entendu la bonne nouvelle. Seules, les contrées barbares de l'Afrique ne l'avaient pas entendue. Mais voici que toutes les nations chrétiennes se sont liguées, comme à l'envi, pour ouvrir les portes de la barbarie, jusque-là tristement fermées. L'Amérique les précède, l'Amérique depuis trois siècles cause de tant de maux pour les Noirs. L'Angleterre, l'Allemagne, l'Italie, la Belgique suivent la même voie. De toutes parts, de hardis conquérants pénètrent dans les profondeurs inconnues où les richesses de la nature ne servent qu'à mieux faire ressortir les plus profondes misères de l'humanité. L'Eglise, seule, restera-t-elle en arrière? Non! Déjà ses apôtres ont assiégé les côtes africaines : le Gabon, la Guinée, le Cap, les rivages du Zanguebar, le Zambèze ont reçu les envoyés de Dieu. Mais l'intérieur reste

encore inaccessible. Les voici qui viennent, ces conquérants paci-
fiques : Déjà l'Egypte leur prépare un passage sur le cours mys-
térieux du Nil. Mais qui sont ceux qui volent comme des nuées,
entraînés par les vents rapides ? Zanzibar, tu les a vus s'enfoncer
dans les plaines brûlantes, franchir les montagnes inhospita-
lières qui s'élèvent en face de tes rivages ; tu vas les revoir
encore, n'ayant pour armes que leur croix, pour ambition que
de porter la vie dans cet empire de la mort.

» Ces envoyés de Dieu, ils sont là sous vos yeux, prêts à partir
pour suivre la voix du Sauveur, pour répandre au loin ses bienfaits.

» Où ces bienfaits furent-ils plus nécessaires ? Où l'ignorance,
la misère, la cruauté, la perfidie, l'oubli de toutes les lois divines
et humaines firent-elles jamais plus de victimes ? Écoutez,
M. T. C. F., et vous comprendrez de quelles sympathies est digne
la mission de ces apôtres et quel dessein magnanime leur âme a
formé.

» De tous les points de l'immense continent qui s'étend des limites de notre France africaine aux provinces anglaises du Cap,
s'élève, depuis des siècles, un long cri de douleur, où se rencon-
trent et se mêlent les souffrances les plus cruelles de l'humanité :
des mères, à qui des ravisseurs farouches arrachent leurs enfants
pour les conduire à la servitude, et qui, comme Rachel, font entendre leurs inconsolables gémissements, des peuplades paisibles, surprises, la nuit, dans leur sommeil, et qui voient mettre
en feu leurs demeures, massacrer tout ce qui résiste, et traîner le
reste sur les marchés où l'homme se vend comme un bétail ; de
longues troupes de captifs, hommes, femmes, enfants, succom-
bant à la faim, à la soif, au désespoir, agonisant lentement dans
les déserts, lorsqu'on les abandonne, déjà demi-morts, pour
épargner leur maigre nourriture, ou tombant sous les coups du
maître, lorsqu'il veut un exemple pour terrifier le troupeau qui
est devenu sa proie ; des créatures humaines, livrées sans dé-
fense à la rage et à la débauche ; les routes intérieures de

l'Afrique bordées d'ossements blanchis, de telle sorte que, si on les perdait jamais, on les retrouverait, comme on l'a dit, par les tristes restes qui les couvrent ; et tout cela, multiplié, chaque jour par l'avarice, par la vengeance, par les guerres ; chaque année, plus d'un million d'hommes subissant ce sort effroyable et dans des conditions telles que l'un des témoins de cette traite infâme a pu dire que l'on accumulerait toutes les horreurs, toutes les souffrances, sans jamais arriver à la vérité, lorsqu'il s'agit de l'esclavage.

» J'ai vu les tristes victimes de ce commerce impie. J'ai entendu, de leur bouche, les récits de leurs maux. J'ai entendu les enfants raconter, avec la simplicité de leur âge, qui augmentait encore notre effroi, la mort sanglante de leurs pères, et les tortures de leurs voyages à travers les régions brûlées par le soleil. J'en ai vu qui, longtemps encore durant leur sommeil, assistant en rêve à ces scènes impies, se réveillaient avec de longs cris de terreur !

» Voilà l'esclavage africain, tel qu'il existe au moment où je parle, et si près de nous qu'il ne tient qu'à vous de le voir et de l'entendre. On lui a fermé les mers et les chemins du monde nouveau ; il s'est multiplié sur les voies de l'intérieur, et il y est devenu plus meurtrier.

» Ah ! M. T. C. F., que l'on puisse, en théorie, discuter sur le degré d'injustice que présente la vente de l'homme, je ne le nie pas ; mais, en pratique et lorsqu'on voit à quel point de cruauté l'esclavage africain mène le bourreau, à quel degré de souffrance et d'abaissement il condamne la victime, il ne peut y avoir qu'un seul cri, un cri d'horreur et de réprobation, sur des lèvres humaines.

» Et ne vous étonnez pas qu'Évêque, chargé, par le Saint-Siège, d'une partie des contrées immenses où cet esclavage règne encore en maître, je le dénonce, en face des saints autels, avec la liberté de mon ministère, et que, au nom de la justice, au nom de l'humanité, au nom de ma foi, au nom de mon

Dieu, je lui voue une guerre sans fin et je le déclare anathème.

» Je n'ai qu'un regret, c'est que ma voix ne soit pas assez forte pour franchir cette enceinte, et que, sachant ce que je sais, je ne puisse, par les accents de mon cœur, soulever contre de tels crimes tout ce qui mérite encore sur la terre le nom d'homme et de celui de chrétien.

» O mes Enfants ! soyez bénis, vous qui avez entendu de loin ce cri de votre père ! Vous, qui trouvez dans votre foi assez de force, dans votre amour pour ces pauvres Noirs que vous ne connaissez que par le récit de leurs malheurs, assez de dévouement pour vous sacrifier à l'œuvre de leur délivrance !

» C'est en vain, je viens de vous le dire, que les puissances de la terre se sont liguées pour abolir le commerce inhumain qui ensanglante l'Afrique. Leurs efforts sont impuissants. La lèpre continue, que dis-je ? elle étend ses ravages. Soit que les mesures se trouvent insuffisantes, parce qu'elles n'atteignent que ceux qui vendent et ne s'adressent pas à ceux qui achètent, soit que le mal ait des racines trop profondes pour être guéri par la main de l'homme, l'esclavage est toujours debout, et les récits des derniers explorateurs des régions équatoriales sont remplis de ses fureurs.

» Ce ne sont plus les étrangers seuls, ce sont les Noirs eux-mêmes, qui, formés au mépris de l'homme, deviennent les artisans de leur ruine. Tant l'âme humaine s'abaisse, lorsqu'elle ne trouve pas dans une lumière plus pure, la force de combattre les brutalités de la nature.

» Ce qu'il faut donc, c'est de faire comprendre à ces populations, hélas ! dégradées, l'impiété de leur erreur ; c'est leur apprendre que l'homme est le frère de l'homme ; que Dieu, en le créant, lui a donné la liberté de son âme et la liberté de son corps ; que Jésus-Christ les lui a rendues, lorsque le monde était courbé dans un universel esclavage, et qu'il n'a pas cru acheter trop cher la restauration de cette liberté sainte en la payant au prix de son sang.

» Allez, ô mes Fils, allez leur enseigner cette doctrine. Dites-leur que ce Jésus dont vous leur montrerez la croix, est mort sur elle pour porter toutes les libertés au monde, la liberté des âmes contre le joug du mal, la liberté des peuples contre le joug de la tyrannie, la liberté des consciences contre le joug des persécuteurs, la liberté du corps contre le joug de l'esclavage.

» C'est cette liberté que saint Paul proclamait dans Rome où régnait Néron et où deux millions d'esclaves étaient dans les fers. Il n'y a plus parmi vous, disait-il, ni Grecs, ni Barbares, ni esclaves, ni citoyens ; vous êtes tous frères, vous êtes tous libres de la liberté que vous tenez du Christ. »

» Vous la proclamerez à la suite du grand Apôtre, au milieu de tant de peuples courbés sous le joug, la sainte liberté qui vient de Jésus-Christ. Votre voix retentira comme un tonnerre, où plutôt elle fera lever dans ces ténèbres sanglantes, l'espérance et l'amour.

» Oh ! qu'ils seront beaux, pour les enfants des Noirs, ces pieds qui descendent de leurs montagnes, meurtris des blessures du chemin et couverts de sa poussière, pour leur assurer enfin la paix ! Oh ! qu'ils sont beaux, aux yeux des Chrétiens, ces pieds que l'amour porte au martyre, ces pieds qui se livrent eux-mêmes pour le rachat des victimes de tant de douleurs, et avec quel respect, M. T. C. F., nous les devons embrasser ce soir.

» Il est raconté, dans nos Saints Livres, que les anciens d'Israël, venant à la rencontre de la libératrice du peuple de Dieu, chantaient ensemble leurs saints cantiques. « Tu es, disaient-ils, la gloire de Jérusalem, la joie de ton peuple, l'honneur de tes frères. » Et moi, mes chers Enfants, avec tout ce peuple fidèle, je vous répète les mêmes paroles: Vous êtes la consolation, l'honneur, la gloire de Jérusalem, c'est-à-dire de la sainte Église, aujourd'hui comme accablée sous les coups de ses ennemis.

» Quelle réponse éloquente ne donnez-vous pas à tous leurs outrages ?

» Ils l'accusent d'ambitions humaines ; et vous sacrifiez tout au devoir, jusqu'à votre vie, sans autre espérance que la joie austère du sacrifice et des récompenses d'en haut !

» Ils l'accusent d'amasser des richesses, ils vous en ont ici accusés vous-mêmes, avec moi ; et vous partez, dénués de tout, et vous n'aurez plus, comme le Fils de l'homme, où reposer vos têtes !

» Ils la couvrent de leurs calomnies ; et vous répondez aux inventions de haine par une vie d'héroïsme et par un miracle d'amour !

» Ils disent que dans son sein se forment des associations pour combattre les progrès de la lumière ; et vous n'existez que pour combattre les ténèbres et la barbarie !

» Enfin, ils nous accusent de ne pas aimer, et que sais-je ? de trahir les intérêts de la patrie ; et vous leur répondez, ainsi que l'ont fait vos frères, le jour où ils ont abordé cette terre où l'un d'entre eux (1) est mort déjà comme les prédestinés savent mourir : « Nous tenons ici la place de notre patrie, et nous lui sacrifions tout ce qui nous est cher. Si nous périssons, qu'elle sache que dix de ses enfants, de ses prêtres, sont morts obscurément, en priant pour elle et en l'aimant jusqu'à la fin. »

« Mais, M. T. C. F., si l'Église est toujours féconde, si elle donne toujours à l'Époux des enfants dignes de lui, nous devons nous rappeler qu'elle seule a reçu les promesses et est assurée de ne point périr. Les peuples, si privilégiés qu'ils soient, n'ont point cette assurance. Et, au contraire, ils sont menacés de voir la vérité passer à d'autres cieux, s'ils ne lui restent fidèles. Or, je vous le demande, fils de la France, de l'Espagne, de l'Italie, de tous nos peuples catholiques, qui m'entourez, ce soir, en si grand nombre, dans ce temple, où en sommes-nous de l'antique fidélité et de l'antique foi ? Quels sont ces cris qui retentissent ? qui poursuit-on de ces blasphèmes ? Ah ! je viens de vous le dire, ils poursuivent Dieu et son Christ. « Nous ne voulons plus, disent-ils, qu'ils règnent sur

____

(1) Le R. P. Pascal, supérieur de la mission du Tanganika, mort à Mgondoukou, le 19 août 1878.

nous ! » Tremblons que ces vœux ne soient exaucés ! Tremblons que le Sauveur ne secoue tristement sur nous la poussière de ses pieds, et que les fils de l'esclave ne remplacent, dans son Église, les premiers-nés de la foi !

» Et n'assistons-nous pas, en ce moment, à cette translation mystérieuse ? Cet Évangile que vous portez aux barbares de l'Afrique, ne l'enlevez-vous pas à votre patrie ? Question redoutable que je ne saurais comment résoudre, si, pour ranimer mon espérance, je ne vous voyais devant moi.

» Je vous regarde, mes Fils bien-aimés, je vois sur vos traits, comme je le disais à vos frères dans une semblable circonstance, tout l'éclat de la force et de la jeunesse. Je songe à tout ce que vous sacrifiez, famille, patrie, espérances d'ici-bas ; et en pensant que c'est de la France catholique que vous êtes les enfants, je ne puis m'empêcher d'avoir confiance pour elle, puisque Dieu y garde tant de cœurs qu'un dévouement héroïque et pur peut enflammer.

» Et vous aussi, nobles jeunes hommes qui, dans un sentiment de foi intrépide, venez unir vos mains pour protéger les envoyés de Dieu, fils de la Belgique et de l'Angleterre, votre courage est, pour votre patrie, une bénédiction et un gage de salut !

» Mais il faut finir et en venir aux vœux de la suprême séparation.

» Adieu, mes chers Fils, adieu, vous qui êtes l'honneur le plus pur de mon ministère et de l'Église Africaine renaissante. Il faut partir. Dieu vous parle par la voix de Pierre. Pierre, captif dans la personne de Léon, prépare ainsi le dernier coup à l'esclavage moderne, du sein de cette Rome où Paul, prisonnier, portait le premier coup à l'antique servitude.

» Comment mes bénédictions paternelles ne vous suivraient-elles pas pour une si grande œuvre !

» Oui, je vous bénis, au nom de la foi dont vous allez étendre l'empire ; au nom de la charité qui, par vos mains, doit guérir tant de blessures ; au nom de la liberté sainte qui va prêcher, par vos lèvres, la fin de leurs maux aux victimes de tant d'horreurs ; au nom de la lumière que vous allez porter dans ces ténèbres ; et, pour tout renfermer dans le nom qui résume et qui sanctifie toutes ces grandes choses, je vous bénis au nom de Jésus-Christ, votre maître et le mien ; car Jésus-Christ est la foi, la charité, la liberté, la lumière, tous ces biens que les hommes cherchent avec tant d'ardeur et qu'ils ne trouvent pas, parce qu'ils les cherchent en dehors de Lui !

» Il est raconté, dans les *Actes des Martyrs*, qu'un pontife, courbé sous le poids des ans, marchait généreusement au supplice, et que Laurent, son diacre, le suivait au milieu des bourreaux, en lui disant avec larmes : « Où allez-vous, mon Père, sans votre Fils ? où allez-vous, ô pontife, sans votre diacre ? Est-ce que vous n'avez pas accoutumé de m'avoir pour ministre du sacrifice ? »

» Hélas ! vous n'entendrez, ce soir, rien de semblable. M. T. C. F. Je reste attaché au rivage, tandis que mes fils vont affronter les tempêtes. Je ne leur donne que ces froides paroles, et ce sont eux, par un renversement dont je m'humilie, qui me donnent l'exemple de leur intrépide vertu ! « Où allez-vous, mes Enfants, sans votre père ? Où allez-vous, prêtres, sans votre Pontife ? Vous offrirez le sacrifice, et seul le sacrificateur manquera à l'autel, où votre sang viendra peut-être se mêler au sang de l'Agneau ! »

» Dieu ne m'a pas jugé digne d'un tel honneur ! Il a considéré la générosité de votre vie, il a vu les fautes de ma longue carrière chargée de si redoutables devoirs, et son jugement nous a séparés !

» Du moins, tant qu'il me laissera sur la terre, je veillerai de loin sur vous, pour vous procurer, sans reculer devant les amertumes que vous connaissez, le pain de chaque jour ; et vous, en retour, vous m'obtiendrez, par vos suffrages, comme les confesseurs des premiers temps, l'indulgence et la paix ! Ainsi soit-il. »

Voilà, mon cher abbé, ce que je crois devoir vous dire pour répondre à vos demandes. Je n'y ajouterai plus qu'un seul mot :

Examinez bien tout d'abord si Dieu vous appelle intérieurement à l'apostolat. C'est la condition première. Car si vous ne cédiez qu'à quelque imagination frivole, si vous ne cherchiez qu'un moyen, plus conforme à vos goûts naturels, de dépenser l'activité de votre jeunesse dans des entreprises extraordinaires, défiez-vous de vous-même et ne courez pas à des périls où la vie de votre âme se trouverait aussi exposée peut-être que celle de votre corps. Mais êtes-vous énergiquement déterminé à vous sanctifier par la patience, par la souffrance, par le sacrifice de tout vous-même et de votre sang, s'il le faut ? Venez, après vous être éclairé par la prière et par les avis d'un sage directeur ; vous trouverez en Afrique plus que partout ailleurs, en ce moment, le moyen de rendre votre vie utile pour la gloire de Dieu.

S'il vous faut d'autres détails, adressez-vous au R. P. Charbonnier, Maître des Novices de la Société des missionnaires, *à la Maison-Carrée, près Alger (Algérie)* ; il vous renseignera sur toutes choses, et vous fournira, au besoin, les moyens de vous rendre à Alger.

Je prie Dieu de vous éclairer, et je me dis, avec les sentiments les plus paternels, mon cher abbé, tout à vous de cœur, en N.-S.

† CHARLES,
Archevêque d'Alger, délégué apostolique.

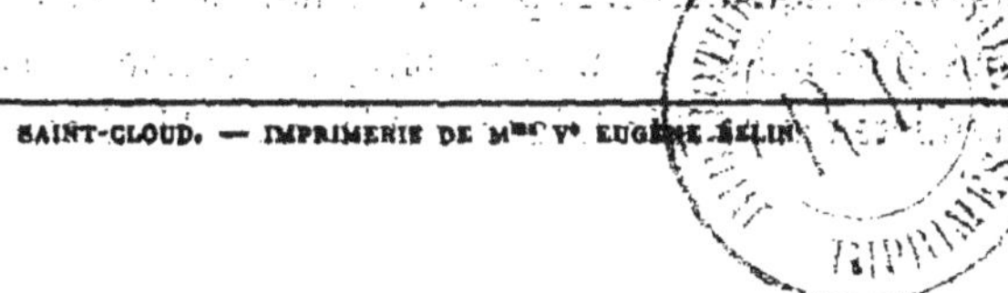

SAINT-CLOUD. — IMPRIMERIE DE MME V^E EUGÈNE BELIN

119